LA PATA PITA

HILDA PERERA

MANA F. FRAGA

LIBRO PRIMERO
DE LECTURA

MINERVA BOOKS, LTD.

Ilustraciones y diseño: Carlos Rodríguez Rosillo

Published by
MINERVA BOOKS, LTD.
30 West 26th Street
New York, N. Y. 10010

ISBN: 0-8056-0134-1

Printed in U.S.A.

ÍNDICE

Para los niños de América,
porque aspiramos a que conserven
su español y su cultura.

A a

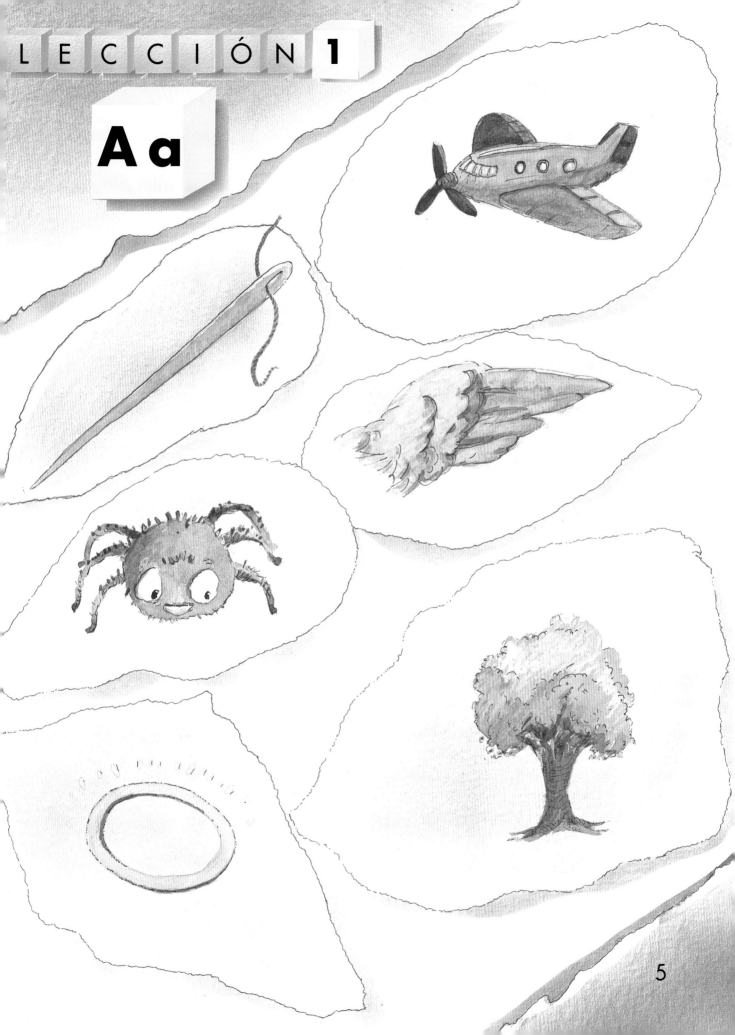

E e

Ii

L E C C I Ó N 4

Oo

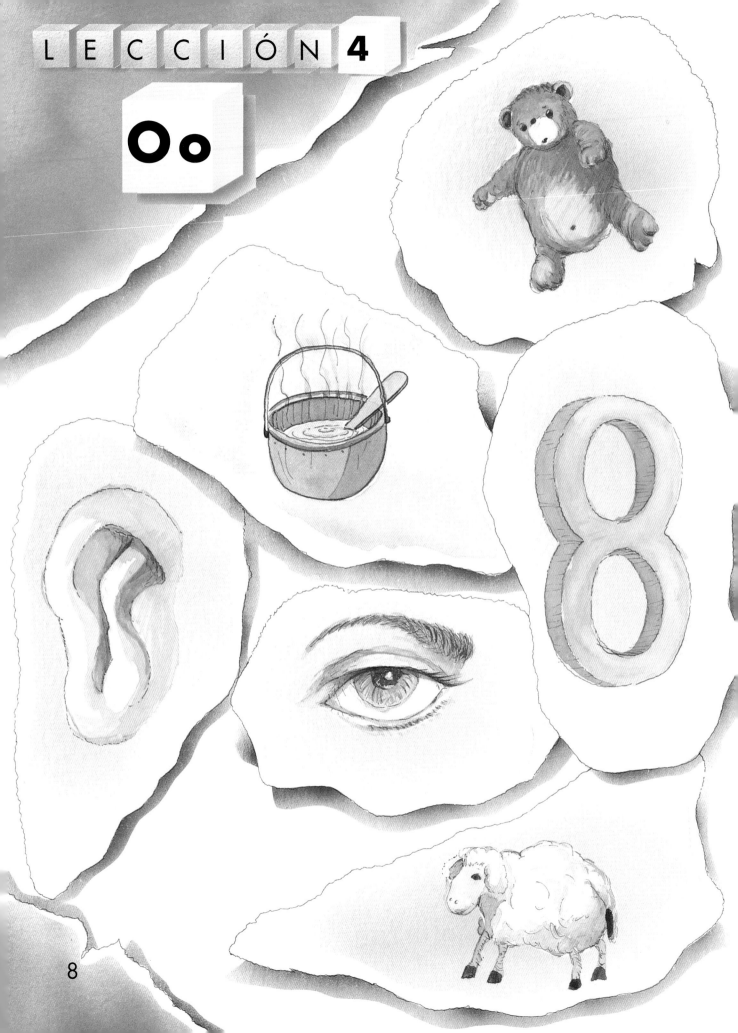

LECCIÓN 5

U u

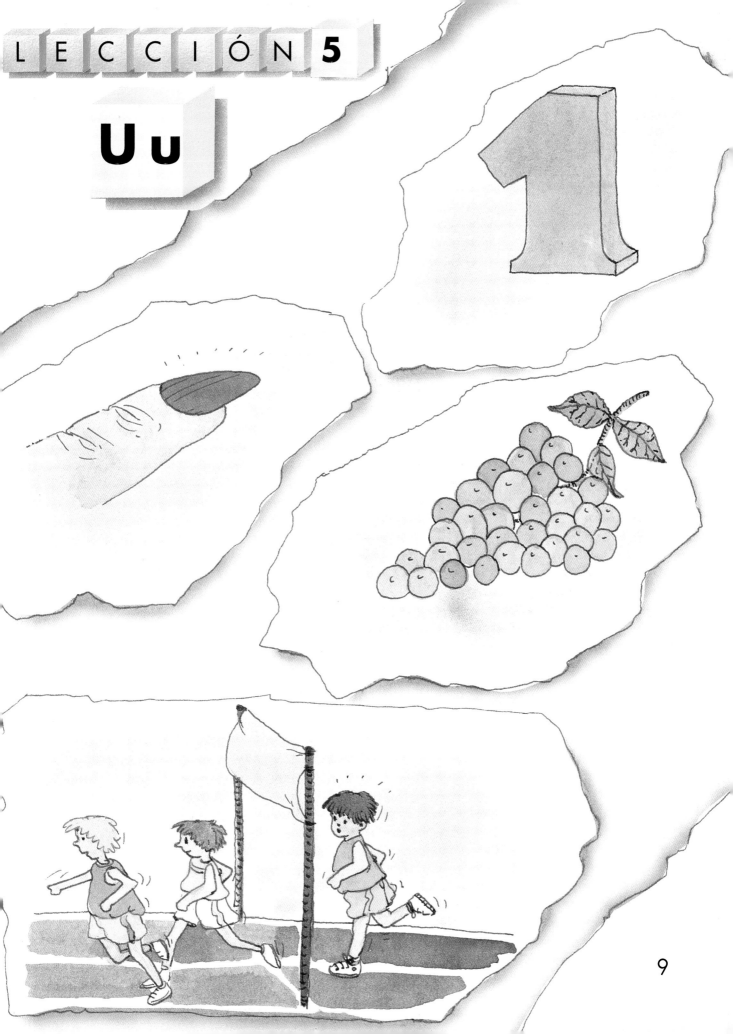

Mm

ma	me	mi	mo	mu

mamá   mía

mami   mi

mima   mime

me   mío

Mi mamá.   Mamá mía.
Mami.   Amo a mamá.

P p

pa pe pi po pu

papá	papa
pipa	Popi
popa	pía
papi	pie
Pepe	pío
Pepa	púa

Mi papá.
Papi.
Papá mío.

Mi papá. Mi mamá.
Amo a mi papá.
Amo a mi mamá.

T t

ta te ti to tu

tata	Tita	tía
Tati	Teté	tú
mete	Tito	mota
tío	toma	teme
Tato	Toto	Titi

Pata Pita,
ama a tu patito,
mima a tu patito.

Patito Pepe,
tu mamá te ama,
tu mamá te mima.

Repaso

meto	pato	mete
pata	mapa	tipo
mota	tapa	puma
pita	tome	toma
pomo	tapo	teme
topo	temo	tupo

Es es

Es mi papá.
Es mi mamá.
Es mi tía.
Es mi tío.
Es mi pata.
Es mi patito.
Es mío, es mío.

L l

la le li lo lu

Lala	palo	pala
Lalo	ala	lomo
lila	malo	mula
lima	ola	loma
lío	lupa	

16

La mula mía
es la mula Lola.
La mula Lola
ama la loma.
¡A la loma,
a la loma,
mula Lola!

17

el

el papá

el pato

el puma

el tío

el pelo

el patito

y

el papá y la mamá

el mulo y la mula

el pato y la pata

el tío y la tía

S s

sa

se

si

seso	mesa	sale
masa	usa	solo
paso	esa	pasa
pesa	sopa	oso
misa	sapo	suma

El sapo Soto,
el sapo solo,
solo, solito.
Pasa la mata, solo.
Pasa la loma, solo.
¡Solo, solo, solo, solo!

Nn

	na	**ne**	**ni**		**no**	**nu**
	nana	mina			lana	
	nena	nata			Lina	
	Nina	tuna			luna	
	nene	nota			lona	
	mono	Ana			pone	
	mano	una			pino	
					pena	
					sana	

El mono Tino
ama a la mona Nina.
La ama y la mima.
—Mula Lola,
¿me ama la mona?
—No, mono Tino;
no, no te ama.
—Sapo Soto,
¿me ama la mona?
—No, no te ama.

—Pata Pita,
¿me ama la mona?
—Sí, mono, sí.
Te ama a ti.

F f

fa fe fi fo fu

feo   Fefa
filo   famoso
fofo   fino
Sofía   fea
sofá   fama
foto   teléfono

Fefa

Fefa la fofa
lee la efe;
no lee la ese,
ni lee la pe,
ni lee la te.

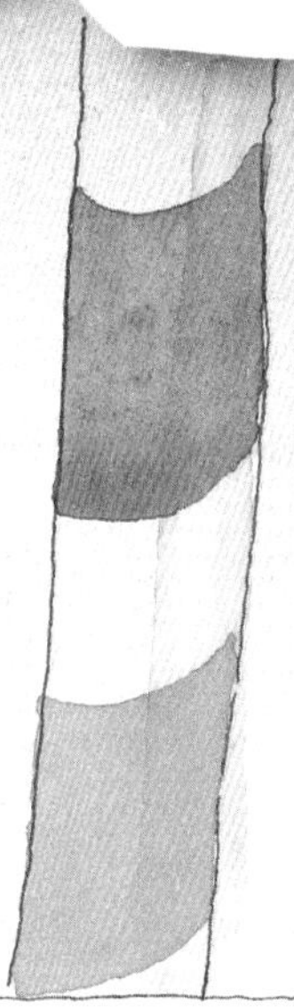

Lee <u>fafa</u> y no <u>pata</u>.
Lee <u>fafo</u> y no <u>sapo</u>.
Lee <u>fifo</u> y no <u>Tino</u>.

Fefa la fofa
lee la efe;
no lee la ese,
ni lee la pe,
ni lee la te.

al

Pata Pita sale al

Sapo Soto sale al

Mono Tino sale al

y Fefa la fofa sale al

D d

da   de   di   do   du

dado	pide
dile	seda
lodo	duda
dame	dama
dedo	

—Dame maní
—pide la mona.

El mono Tino
sale a la loma
y le pide al pino:

—Pino, dame maní
o mona Nina no me ama.
El pino no le da nada.

El mono Tino
le pide al sapo:
—Sapo, sapito, dame maní
o mona Nina no me ama.

El sapo Soto no le da nada.

El mono Tino suda apenado.
—Dile a la mona si no me ama.
—No, no lo amo.
¡El mono Tino
no es mono fino si no da nada!

en
está

La dama
está en la sala.

La pata
está en la mata.

El mono Tino
está en el pino.

El patito
está en el nido.

Sapo Soto
está en el lodo.

¿Y la mula?
¡Está en la luna!

S
(final)

pato	....	patos
nido	....	nidos
pelota	....	pelotas
pino	....	pinos
tapa	....	tapas
dedo	....	dedos

Repaso

La nena Ana
tomó al patito,
tomó al patito
la nena mala,
¡y no lo ama!

(Y mi patito
está malito.)

—Sapo solito,
la nena mala
tomó al patito
y no lo ama.

(Y mi patito
está malito.)

—Mula Lola,
la mala nena,
la nena mala,
tomó al patito
y no lo ama.
¡Es una pena!

(Y mi patito
está malito.)

—No tema, pata,
Ana no es mala.
Ama al patito,
lo ama, lo mima
y se lo sana.

33

B b

ba	be	bi	bo	bu
baba	bebé	bebí	bebo	
iba	bala	bola	loba	
besa	bata	beso	sabe	
sube	bobo	abuso	bota	

—Mono Tino,
la mona Nina pide maní.
Lo sabe la mula,
lo sabe el sapito,
lo sabe la loba,
lo sabe el lobito.
(En la loma está
la mata de maní.)

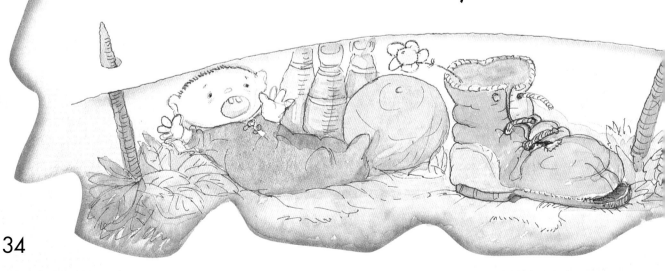

Lo sabe la mula,
lo sabe el sapito,
lo sabe la loba,
lo sabe el lobito.

—Y la mata de maní,
¿me lo da a mí?

—Sí, sí, sí, sí.
Lo sabe la mula,
lo sabe el sapito,
lo sabe la loba,
lo sabe el lobito.

—Mona Nina,
te di el maní;
¿me amas a mí?
—Mi mono Tino,
mi mono fino,
¡Sí, sí, sí, sí!

V v

va	**ve**	**vi**	**vo**	**vu**
vale	vine	viva		
vaso	uva	vive		
vena	Eva	vota		
vela	vino	avena		
visa	vida			

La pata Pita
vive en su nido.

La mula Lola
vive en la loma.

El mono Tino
vive en el pino.

Vine al nido
y no vi a la pata.

Vine a la loma,
y no vi a la mula.
Vine al pino,
y no vi a Tino.

—¿Y a mí?
—¡A ti sí te vi!

un
dos

un   dos

1   2

un pato   dos patos

un mono   dos monos

un pino   dos pinos

ay

¡No está el patito!
Sale la pata y pasa el mono.
—Mono Tino, ¿y mi patito?
—No sé, pata Pita.

Pasa el sapo Soto.
—Sapo Soto, ¿y mi patito?
—No sé, pata Pita.
—¡Ay, sapo Soto, ay, mi patito!
—No tema, pata; está en el pino.
—¡Ay, se me mata!
—No, pata Pita, no; no se mata.

El sapo Soto
se sube al pino
y toma al patito.
—¡Ay, ay, mi ala,
mi alita, sapo!

El sapo Soto
sana al patito.
La pata Pita,
al sapo feo,
le da un besito.

41

por

Por el día,
por la loma,
va la pata.

Por el día,
por la loma,
va la mula.

Por el día,
por la loma,
va la loba.

Por el día,
por la loma,
va el sapito.

Por el día,
por la loma,
va el patito.

R r
(fuerte)

ra	**re**	**ri**	**ro**	**ru**
rra	**rre**	**rri**	**rro**	**rru**

rosa   perro

risa   perrito

remo   burro

rana   tarro

rama   torre

rata   barra

JAJA

r
(suave)

pera	toro
loro	dinero
basura	faro
maromero	

rr r
(Repaso)

perro	pero
parra	para
perra	pera
mirra	mira

r rr
(Repaso)

Tini pide un perro.

—Mamá, dame dinero
para mi perro.

—¡Ay, no, no, Tini!

—Tía, dame dinero
para mi perro.

—¡Ay, no, no, Tini!

—Papá, dame dinero
para mi perro.

—¡Ay, no, no, Tini!

El Tini ríe,

toma una rana

y le pone ropa.

—Mira, mamá.

—¿Y eso, mi Tini?

—Nada: una rana,
no vale nada.

—¡Ay, no, no Tini!
¡Toma el dinero!

El Tini ríe

y va por su perro.

con
sin

con	**sin**
con pelo	sin pelo
con bota	sin bota
con pena	sin pena
con luna	sin luna

C c

ca	co	cu	ce	ci
cama	come	cuna	cena	cine
capa	cosa	cubo	cedo	cita
cabe	coro	Cuba	cera	cima

La c con a, o, u, es ca, co, cu.
La c con e y con i, es ce, ci.

La c con a es ca: casa, capa, cana, cama.
La c con o es co: coco, copa, cosa, coma.
La c con u es cu: cuna, cubo, Cuba, Cusa.
La c con e es ce: cena, cero, cedo, cera.
La c con i es ci: cine, cita, cima, Ciro.

Qq

que **qui**

quema quita

queso quina

queda aquí

quepa máquina

saque

¿Qué pide la pata?
Pide lana para su nido.

¿Qué pide la loba?
Que su lobito sea bonito.

¿Qué pide el mono?
Pide maní para la mona.

¿Qué pide la mula?
¡Ay, pide un camino
que suba a la loma!

Repaso

La rata Nena
no come nada.

Dice la pata:
—Rata Nena, tome la sopa.
—¡Que no, que no,
que no la tomo!

—Rata Nena, coma la papa.
—¡Que no, que no,
que no la como!

—Rata Nena, coma puré.
—¡Que no, que no,
que no lo como!

—¡Rata pesada! ¿Qué le daré?
—Yo como queso —dice la rata con cara fina.
—El queso es caro, querida rata.

El sapo Soto da su dinero.
—No dé más lata,
querida rata.
Si es sólo eso
¡comerá queso!

53

Y y

ya   **ye**   **yi**   **yo**   **yu**

ya	Yoyi
aya	yate
yema	suya
yeso	suyo
payaso	tuya
yoyo	tuyo
	ayuda

—Sin mí   —Sin mí
—dice la a—   —dice la y—
ni pata,   ni Yayo,
ni mata,   ni Yeyo,
ni lata,   ni Yiya,
ni rata,   ni yoyo,
ni nada.   ni yo.

Diptongos

aula

baile

rey

reina

siete

patio

piano

abuela

boina

r (final)
n (final)

se — se_r_	ve — ve_n_
ve — ve_r_	toma — toma_n_
come — come_r_	usa — usa_n_
toma — toma_r_	mete — mete_n_
usa — usa_r_	bota — bota_n_
bota — bota_r_	asa — asa_n_
asa — asa_r_	ata — ata_n_
pesa — pesa_r_	come — come_n_
cita — cita_r_	pesa — pesa_n_

J j

ja	je	ji	jo	ju

jota   teja   jefe

moja   deja   lujo

faja   abajo   ajo

ojo   jirafa   ají

José

La jirafita se miró
en el río y se quejó.
—¡Qué fea soy!

La vio un jabalí y le dijo:
—¡Fea!

La vio un jején y le dijo:
—¡Fea!

La jirafita se quejó:
—¡Qué fea soy!

Dijo pata Pita:
—¿Por qué te quejas, jirafita?
—¡Por fea!

—Jirafita, el que se queja a todos aleja.
No te quejes, no des lata, ríe y ríe:
así, jirafita, te verán bonita.
Jirafita rió, rió, no dio más lata ni se quejó.

Vino el jabalí y le dijo:
—¡Ay, jirafita, te veo más bonita!

Vino el jején y le dijo:
—¡Ay, jirafita, te veo más bonita!

Vino mula Lola,
vino sapo Soto,
vino mono Tino
y todos dijeron:
—¡Sí que es bonita
la jirafita!

Ññ

ña	ñe	ñi	ño	ñu

ñato	niño
ñata	niña
señale	baño
añade	mañana

Ñica la araña
tiene una maña.

Teje su tela,
teje su casa,
teje caminos
por los que viaja.

Ñica la araña es maromera;
sube a las matas,
sube a las tejas.
Ñica la araña tiene una maña.
Teje su tela, teje su casa,
teje caminos por los que viaja.

Repaso

El sapo Soto vive en la viña.

—¡Ay, pata Pita,
por feo, por soso,
y por bobo, vivo solo!

—Sapo Soto, ve y vive en mi nido.
—No, no, pata Pita;
vivo solo, por bobo.

La mula Lola se va a la viña.

—Sapo Soto, ve y vive en mi loma.
—No, no, no, mula;
vivo solo, por soso.

El mono Tino se va a la viña.

—Sapo Soto, ve y vive en mi pino.

—No, no, no, mono;
vivo solo, por bobo
y por soso.

La pata Pita ya está enojada:
—¡Ni bobo, ni soso, ni feo, ni nada!
¡Déjese, sapo, de esa bobada!

Ll ll

lla   **lle**   **lli**   **llo**   **llu**

llama	fallo	callo	sello
malla	rollo	lluvia	olla
llano	calle	allí	ella
talla	pollo	silla	llave

El sapo Soto viene a la viña.
Llama, llama y llama.
La viña calla, calla y calla.

No se oye nada;
el sapo llama; la viña calla.
—¡Ay! —dice el sapo—:
¡si yo tuviera
una ranita que me quisiera!

G g

ga   go   gu   ge   gi

gama   gota   gusarapo   gema   gira
gato   mago   agua   gemido   mágico
gallo lago   laguna   genio   gitano

La g con a, o, u, es ga, go, gu.
La g con e y con i, es ge, gi.
La g con a es ga: gata, galana.
La g con o es go: gorro, mago.
La g con u es gu: gula, gusano.
La g con e es ge: gema, geranio.
La g con i es gi: gira, gitano.

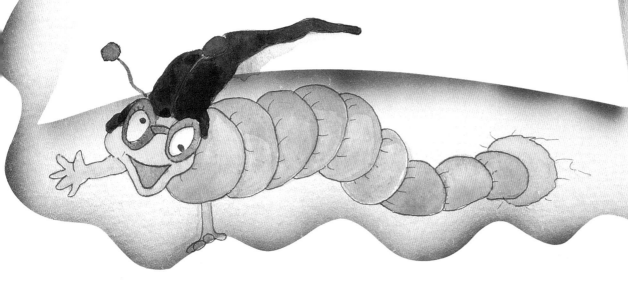

Repaso

Gallo gallito
cuida la poca agua.

Vino el gusanito:
—Gallo, gallito, dame agua.

Dijo el gallo que no.

Vino el gusarapo:
—Gallo, gallito, dame agua.

Dijo el gallo que no.

Vino el gato:
—Gallo, gallito, dame agua.

Dijo el gallo que no.

Vino el gorila:
—Gallo, gallito, dame agua.

Dijo el gallo que no.

¡Ay!, pero vino gallina monina:
—Gallo, gallito, guapito, dame agua.

Y el gallo gallito dijo que sí.

Gallina monina le dio al gusanito,
le dio al gusarapo,
le dio a don gato,
y era tan fina,
que le dio al gorila.

gue
gui

guerra	guiso
sigue	amiguito
guineo	águila
guiño	guitarra

guijarro

El guineíto está solo.
No tiene amiguitos.
Sigue al gallito.
El gallito dice:
—¡Quita, guineo,
que para gallo,
estás muy feo!

El guineíto sigue a
la gallina.

La gallina le dice:
—¡Quita, guineo,
que para pollo
estás muy feo!

El guineíto sigue a
la pata:
—Ven, guineíto,
para amiguito
estás bonito.

H h

ha he hi ho hu

hace	humo
hala	hoyo
hila	heno
hola	hijo
hija	hilo

hoja

La h es muda,
no dice nada.

¿Qué dice la h?

No dice nada.
Está callada.

La veo en hoja,
la veo en hilo,
la veo en hola,
la veo en hijo.

¿Qué dice la h?

No dice nada.
Está callada.

Z z

za   ze   zi   zo   zu

zafiro   zapato
zafo   azoro
zumo   lazo
zona   taza

El zorro, la zorra
y su hijo, el zorrito,
van al gallinero,
que es su comedero.

Se azoró la zorra,
se azoró el zorro

y aún el zorrito
corre azoradito.
El zorro, ¿qué vio?
La zorra, ¿qué vio?
y el zorrito mío,
¿por qué se azoró?

z (final)
l (final)

ve — ve<u>z</u>

te — te<u>z</u>

fa — fa<u>z</u>

viva — viva<u>z</u>

mi — mi<u>l</u>

de — de<u>l</u>

tu — tu<u>l</u>

cana — cana<u>l</u>

rosa — rosa<u>l</u>

rama — rama<u>l</u>

pana — pana<u>l</u>

pena — pena<u>l</u>

71

L E C C I Ó N 48

K k

ka ke ki ko ku

kaki   kilo   karate   kepis

—Kikirikí.
Yo soy el gallito
que cuida el maíz.
¡A todos los zorros
los saco de aquí!

—Uso kepis,
ropa kaki,
y sé karate.

—¡Kikirikí!
Yo soy el gallito
que cuida el maíz.
¡A todos los zorros
los saco de aquí!

X x

xa   **xe**   **xi**   **xo**   **xu**

xilófono   taxi   exagero
éxito   examen

Dijo la pata:
—Nadie nada
como yo.
—¿No exageras?
—No.
Dijo la araña:
—Nadie teje
como yo.
—¿No exageras?
—No.

Una amiga sabia
las examinó.

Le dijo a la pata:
—Eres una pata
muy exagerada.
El pez es pequeño
y mira cómo nada.

Le dijo a la araña:
—Eres una araña
muy exagerada;
mira cómo teje
la abuelita Nana.

usted

La rana ranita
no tiene papá.
¡Ay, y el sapo Soto
tan solo que está!

La ranita sola
parada en la hoja,
parada en la hoja,
se la lleva el agua.

—¡Ay, ay, sapo Soto,
que me lleva el agua!
¿No ve que me ahogo?
¿Por qué no me saca?

—¡Si fueras mi hijita, sí te sacaría!
—Pues sáqueme usted, que yo lo seré.

El sapo Soto hala que hala,
hala la hoja y saca a la rana.

La rana ranita ya tiene papá,
y el sapito Soto con ella se va.

Repaso

La pata Pita a todos cita.
(El sapo Soto necesita
casa bonita para su hijita).

—¿Con qué se le hará?
—Con madera y tejas,
ya usted lo verá.

¡Que sube,
que baja,
que viene,
que va!
En medio minuto, la casa ya está.

La pata Pita se va a la viña.
—Sapo Soto: ya está la casa
para su niña.

—¡Ay! —dijo el sapo muy apenado— :
señora mía, ¿con qué la pago?

Dijo la pata:

—Eso no es nada,
la casa suya ya está pagada.

—Si yo no puedo, ¿con qué dinero?

—¡Ay, sapo Soto, no sea usted niño,
que no hay dinero
como el cariño!

79

Ch ch

cha	che	chi	cho	chu
chapa	techo	hacha		
chato	Chela	echa		
choza	leche	dicho		
chino	chillo	racha		
mecha	macho	chiva		

La chiva Chela vivía en
la choza con su chivito
y lo quería mucho, pero
no lo dejaba ni un minuto.

Por la mañana:
—Chivito, toma la leche.

Por la noche:
—Chivito, toma la leche.

Si salía:
—No, muchacho, que no te veo.

Si corría:
—¡Ay, que te matas!

Si jugaba:
—No, que te caes.

Si su chivito no hacía nada
la chiva Chela se quejaba.

Un día el chivito se aburrió.
bajó la loma y la dejó.

Repaso

La gata tuvo ocho gatitos.
—¡Ay! —la gata se quejó—,
con ocho gatitos
¿qué me hago yo?

Pasó el sapo:
—Sapo, sapito,
¿quiere un gatito?
Se lo regalo.

—¿Sapo con gato?
¡No, no, no, no!

Pasó la mona:
—Mona, monita,
¿quiere un gatito?

—¿Mona con gato?
¡No, no, no, no!

Pasó la pata:

—Pata, patita, ¿quiere un gatito?
—¿Pata con gato? ¡No, no, no, no!

—¡Ay! —la gata se quejó—,
con ocho gatitos
¿qué me hago yo?

La pata Pita, que la oyó,
    tomó un gatito
        y se lo llevó.

Repaso
(Continuación)

Por la mañana
les llevó un panecito,
y el patito comió,
pero el gatito no.

Para la comida
les llevó un gusanito,
y el patito comió,
pero el gatito no.

Para la cena
les llevó avena,
y el patito comió,
pero el gatito no.

Y como el gato
no comía nada,
visitó al sapo
muy apurada.

El sapo dijo:
—¡Ay, pata Pita,
usted es muy buena,
pero el gatito
no come avena!

Y para un pato
será muy sano,
pero ¿qué gato
come gusano?

La pata Pita
se apuró mucho.

—Ay, ¿qué me hago?
Ay, ¿qué me haré?
Dígame, sapo,
dígame usted.

—Vive en la loma
la chiva Chela.
Pídale leche
que ella es muy buena.

Repaso
(Continuación)

La pata Pita no demoró.
Llevó al gatito y allá subió.
La mamá gata, como la vio,
llevó sus gatos y la siguió.

La pata Pita subió la loma.
—Cua, cua, cua, cua.
Cua, chiva Chela,
¿me da usted leche
para el gatito
que se me muere?

—¡No, no, no, no,
no se la doy!

La mamá gata subió la loma.
—Miau, miau, miau, miau.
Miau, doña Chela,
¿me da usted leche
para mis gatos,
que ya son siete?

—No, no, no, no,
no se la doy.

El chivito subió la loma.
—Bee, bee, bee, bee.
Mamá Chelita,
¿cómo está usted?

—Si es mi chivito
que ya llegó,
lo que me pida
le daré yo.

—Pídele leche
—dijo la pata.
—Para los ocho
—dijo la gata.

El sapo dijo:

—Sí, doña Chela,
no economice
así quedamos todos felices.
Quedó la chiva con su chivito
quedó la gata con sus gatitos
y pata Pita con su patito.

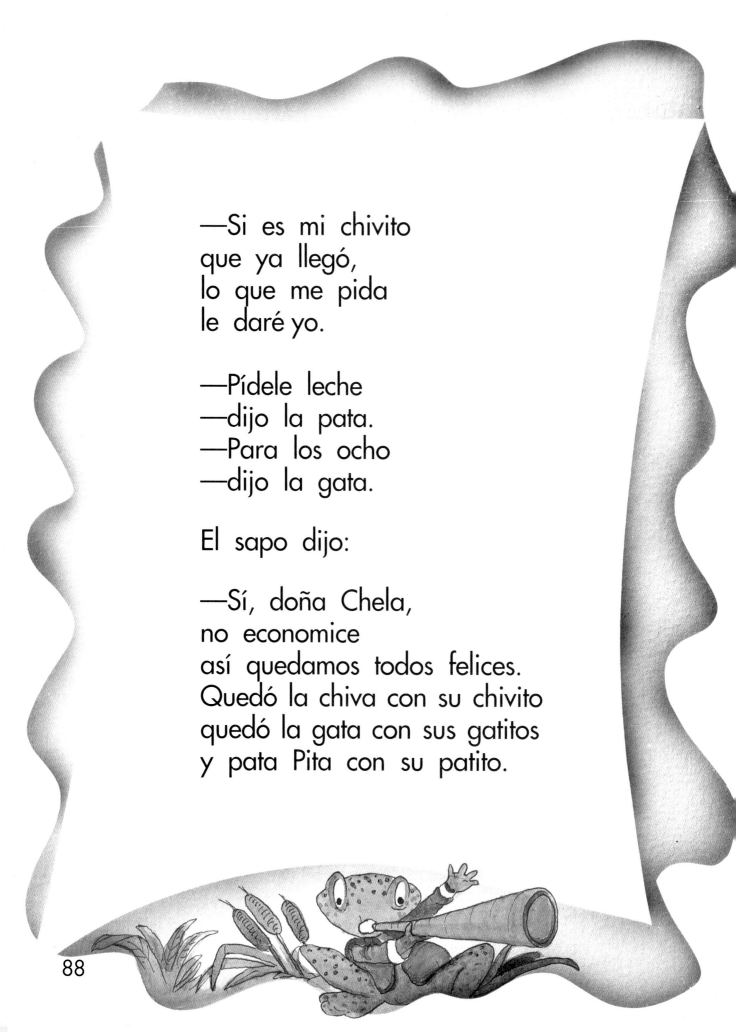